la Côte
d'Emeraude

Patrick Beroul

la Côte d'Emeraude

Introduction Roger Gicquel

Éditions Ouest-France

Une poivrière qui ne manque pas de sel.
Echauguette sur le bastion Saint-Philippe, le môle des Noires. Saint-Malo.

« La mer a la douceur de l'âme
Dont l'émeraude luit sans fin. »
George-Julia Picard

La Côte d'Emeraude est « terre et mer d'exception ».
Elle s'étend du Mont-Saint-Michel au cap Fréhel, deux amers remarquables
avec, pour pivot central, la ville de Saint-Malo.

Variée dans ses paysages :
vaste étendue plane de la baie du Mont-Saint-Michel,
côtes granitiques déchiquetées, ria de la Rance, falaise aux grès roses du cap Fréhel,
plages de sable ocre clair, larges espaces des baies de Saint-Malo,
de Lancieux, de l'Arguenon, de la Fresnaye,
îles de Cézembre, d'Agot, des Ebihens...
Pointes extrêmes : le Grouin, le Meinga, le Décollé, le Chevet, Saint-Cast...
Dunes, landes, rochers, chemins de randonnée...

Diverse dans sa faune et dans sa flore...

Riche dans son histoire,
par son patrimoine, par ses forts, les Rimains, Du Guesclin, la Conchée, le Guildo, la Latte...
Par ses légendes, ses batailles, ses grands hommes...
Par ses villes de caractère et ses villages pittoresques : Cancale, Rothéneuf, Saint-Malo, Saint-Suliac,
Dinan, Dinard, Saint-Enogat, Saint-Lunaire, Saint-Briac, Saint-Jacut, Saint-Cast...

La Côte d'Emeraude est une gemme dont l'eau est limpide et les feux purs étincellent,
une vraie côte précieuse de la séduction.

P.B.

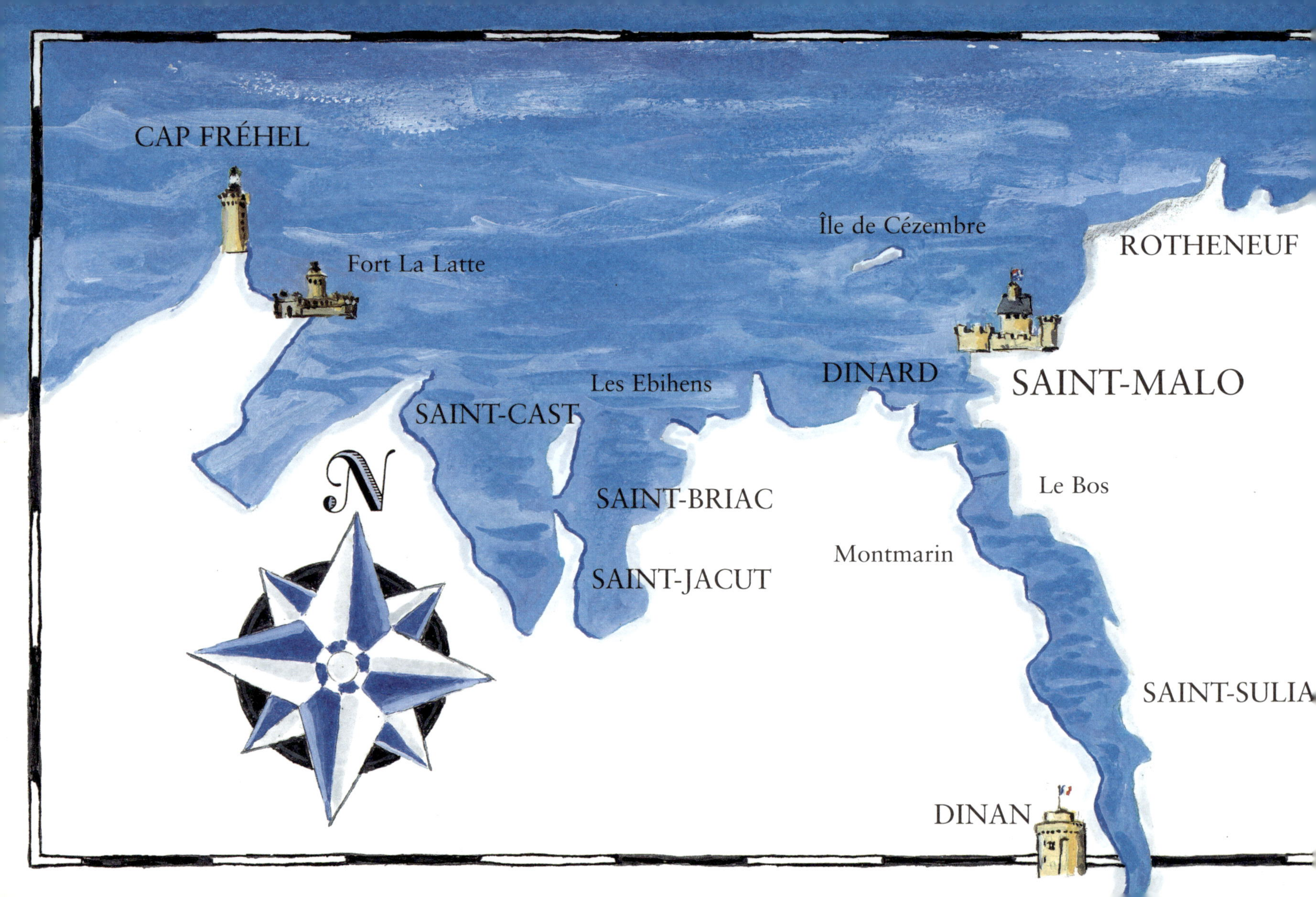
CAP FRÉHEL
Fort La Latte
Île de Cézembre
ROTHENEUF
DINARD
SAINT-MALO
Les Ebihens
SAINT-CAST
SAINT-BRIAC
Le Bos
Montmarin
SAINT-JACUT
SAINT-SULIA
DINAN
N

« Chez nous, la teinte glauque de la mer et la verdure des arbres qui décorent nos rivages et se reflètent, par les beaux jours d'été, dans la transparence des flots, forment une harmonieuse symphonie de verts différents, et fait appeler notre pays : "La Côte d'Émeraude". »

Eugène Herpin

La Côte d'Emeraude

Parfois, surtout l'hiver, c'est turquoise qu'est le ciel entre les bancs de nuages froids avant qu'on l'imagine d'émeraude.

C'est plutôt, alors, comme un miroir renversé où l'on s'attendrait à voir des troupeaux de blonds moutons régénérant l'herbe qu'ils broutent dans des parcelles de firmament frangées d'écume de vagues. En février, partie de Rennes, notre voiture de reportage ronflotait un fond sonore plus doux que d'habitude s'accordant à la légèreté de l'air sur le paysage des marais de Dol puis à l'éclat d'un soleil levant sortant à peine de son bal masqué. Il y avait devant nous des promesses de mirages. C'est vers Pontorson que de minuscules gouttelettes sur le pare-brise annoncèrent la brume sur le Mont-Saint-Michel. En avançant, cela prit le nom de brouillard. La visibilité se réduisit et notre déception s'accrut ; ce ne serait pas le jour d'une flânerie au Mont dont on ne devinait même pas les contours. Journée fichue ? Jacques

Boulen n'était pas d'accord. Il faisait confiance à sa caméra magique. Elle avait déjà montré des choses que l'œil humain ne pouvait voir. Il fit arrêter la voiture, sortit le pied de son instrument et l'y installa, fit je ne sais quel réglage et commença à filmer l'opacité devant la Merveille. Et je vous jure que le miracle eut lieu ! Cela commença par un petit vent dans nos jambes qui fit fumer le chemin empierré et l'eau du Couesnon. Au sud, les criailleries d'un groupe d'oiseaux au décollage nous parvinrent comme les trompettes des anges tandis qu'un halo blanchissait timidement la brume.

« Vos gueules ! Ça tourne ! » nous intima Thierry, le preneur de son. Il voulait l'ambiance pour lui tout seul, pour accompagner l'image de l'opéra silencieux dont l'ouverture venait de commencer... Là-haut, le maître éclairagiste tourna lentement son rhéostat. La base du sublime rocher, ses murs de défense, son porche d'entrée, se mirent en lumière. Le voile, vrai rideau de théâtre, se leva imperceptiblement en se déchirant. Le brouillard dansait tout autour et partait vers la baie en longues traînées de tulle arachnéen. A rendre dingue un peintre, un Patrick par exemple, dédoublé plusieurs fois et qui eût voulu en ces vingt minutes saisir chaque moment de la découverte. Tout à coup, la magie d'une clarté subite illumina dans un ciel d'une limpidité parfaite la complexité pyramidale du chef-d'œuvre couronné par l'archange à l'armure d'or.

« On a rudement bien fait », dit modestement Jacques en débranchant sa caméra. Nous restions là, aussi fascinés que ce pèlerin italien venu à pied de sa presqu'île adriatique où se vénère le San Michele du mont Gargano et découvrant pour la première fois le Saint-Michel français. En cette prétendue morte-saison, notre aubaine était la rareté des touristes. Le Grand Degré s'est offert rien que pour notre équipe, puis l'escalier de dentelle. De ce balcon, la succession des tons pastel de la baie emmenait notre regard vers Cancale, et plus loin nous croyions apercevoir l'autre entrée de la Côte d'Emeraude, le cap Fréhel, la pointe du Jas que Gustave Loiseau s'obstina jadis à peindre par tous les temps de saison… y compris dans la brume. On peut toujours soupçonner les mirages, ce n'est pas d'aujourd'hui que la profondeur de champ, la luminosité si souvent exceptionnelle sur la côte font affirmer aux mieux voyants que de telle colline, de telle falaise, de telle ruine de moulin à vent peuvent se compter au moins quarante clochers ! Et là commencent les disputes : « Là-bas, c'est Saint-Père-Marc-en-Poulet. » – « Non ! C'est Châteauneuf ! » – « Je vois Lancieux ! » – « Non ! C'est Ploubalay ! » Quant aux chapelles, triomphantes d'humilité, elles ne se laissent pas montrer du doigt, ni Notre-Dame-du-Verger, plusieurs fois relevée des grandes claques des tempêtes, ni Sainte-Anne-en-Cherrueix, au bout de la digue des marais, si peu sensible aux pirouettes des chars à voiles multicolores, lesquelles tranchent sur l'horizon barré du noir des bouchots à moules vers Le Vivier-sur-Mer. Rivalisent aussi en manière de discrets refuges, les minuscules corps de garde pour couples de douaniers esseulés aux deux extrémités de la plage du Verger, la double guérite sous la Moulière et la miniature de fort des Daules.

J'ai emmené mon équipe sur un des véhicules amphibies des Charentais qui ont fait souche au Vivier grâce au naissain de leur pays. Tandis que la grue à grappin enlevait d'un pieu de chêne sa grande chaussette de moules, je perdais une botte enfoncée trop profond dans le sable vaseux. Un petit souvenir comme celui-là vous remet toute une joyeuse scène en perspective, odeurs roboratives comprises.

Moules ici, huîtres à côté. Arrivée à Cancale par la corniche. Les quatre portières s'ouvrent en même temps. Arrêt caméra obligatoire. Le site tape carrément dans l'œil. On surplombe la Houle, la trop bien nommée, avant que la digue, la cale de l'Epi, la jetée de la Fenêtre ne protègent le port des marées furieuses. Pas le temps d'aller maintenant au marché aux huîtres permanent, plus tard on ira sur les hauteurs de la ville à l'atelier d'Annick Prod'Homme dont j'adore le rugueux parler gallo. Elle qui, parce que le ciel s'assombrit, pourrait dire comme la « Yande » dans « La caravane de Pâques » de Roger Vercel : « *Le temps, l'Bon Dieu l'a fait pour tous. Même gâpi, les travailleurs s'en arrangent. Les feignants, ça les arrange.* »

Donc on embarque. Sur la bisquine. Pas une de celles qui se faisaient la course pour draguer les huîtres sauvages, la motorisation les a fait disparaître depuis longtemps, mais sur la réplique exacte d'un de ces « bolides » des mers qui, entre deux coups de dragues, entre deux pêches au chalut, s'alignaient pour de mémorables régates. Elles avaient de quoi prendre le vent, ces fines coques de 18,10 mètres, à peine visibles au large sous le flamboiement de leurs 350 mètres carrés de voiles, un record pour un bateau de pêche, et jusqu'à 400 mètres carrés en régate. Marek, le portraitiste des gens de mer, en escale quasi permanente dans le pays de sa femme, s'enticha des anciennes photos des bisquines et des histoires de leurs patrons. Il est avec nous à bord pour une mini-croisière au large du Vivier. Il raconte l'impérieuse nécessité des Cancalais de transformer leur nostalgie en projet, la naissance de l'association en 1984 à laquelle il a participé, comment le professeur Jean Le Bot, expert en patrimoine maritime, apporta son précieux concours pour les plans de reconstruction, l'émotion populaire enfin au lancement de la « Cancalaise » le 18 avril 1987.

« Regarde ! C'est la bisquine ! Silence on tourne ! » Aucun autre voilier ne s'identifie comme celui-là au premier coup d'œil quand il croise entre Chausey et la pointe du Grouin ou dans la baie de Saint-Malo et jusque dans la Rance. La « Cancalaise » est la reine de la Côte d'Emeraude et sa sœur de Granville l'est tout autant.

La pointe du Grouin, battue par les vagues qui font monter l'émeraude jusqu'au sémaphore aujourd'hui désaffecté, fut souvent, à cause des sentiers sur ses flancs, la balade facile où nous emmenions nos amis en visite aux beaux jours.

Comme bien d'autres promontoires grandioses, le cap Fréhel par exemple, une foule gourmande de sensations, le temps de quelques clichés, parasite l'intimité recherchée avec la mer.

Je n'ai plus envie d'ajouter au piétinement qui les rend chauves, les dévaste en outre tous les quatre ans au départ de la Route du Rhum. Je lui préfère, bien que très fréquentée aussi l'été, l'anse Duguesclin avec son fort que Léo Ferré habita quelque temps en s'abstenant peut-être d'y chanter le « Merde à Vauban » de Pierre Seghers. Là encore, oui, on s'enivre d'émeraude, on s'y baigne, on s'y roule, on la boirait autrement que des yeux. Je comprends l'avidité du peintre, c'est aussi la mienne. Entre Besnard et Chevrets, les fausses îles reliées par un cordon dunaire, il faudrait avoir, mieux encore qu'un « fish eye » de caméra, des yeux d'insectes à 360 degrés pour embrasser à la fois la mer, d'un côté, et, de l'autre, le havre de Rothéneuf en ses camaïeux de marée basse, sous la double protection de l'oratoire de Notre-Dame-des-Flots et de la maison que fréquenta Colette. Aurait-elle pu faire exister ailleurs son adolescent transi du « Blé en herbe » ? Et, si fermé que l'on soit aux belles naïvetés de sa propre jeunesse, l'émotion enfonce vos portes blindées. On devient le gamin Chateaubriand faisant les quatre cents coups sur les remparts de Saint-Malo ; Surcouf aux Indes à 15 ans ; Mahé de La Bourdonnais trop séduit à un peu plus de 20 ans par l'île Bourbon ; à Cézembre, un moinillon éberlué préférant la plage dorée, plein sud, au grimoire de la Chanson d'Aiquin ; à Dinan, la jouvencelle Tiphaine jouant aux devinettes pour Du Guesclin ; sur la Rance, un de ces mousses qui n'a pas encore perdu ses illusions de terre-neuvas ; à Saint-Malo encore, l'apprenti comédien Daniel Gélin déjà fou de cinéma au bar de l'Univers ; à Dinard, les baigneuses de Picasso croyant toujours à son retour. On n'a pas ouï dire que les saints évangélisateurs succombèrent en débarquant à quelque tentation que ce soit et pourtant les Irlandais, Gallois, Cornouaillais, les Suliac, Briac, Lunaire, Cieux, Cast, Jacut, n'étaient guère plus âgés que les généraux des légions romaines qui, eux, s'y laissèrent soumettre. Pour faire bonne mesure, je dirai que la jeunesse, d'esprit tout au moins, anima au XIXe siècle les précurseurs d'outre-Manche quand, de Paramé à Dinard et à Dinan, leurs premières colonies firent la renommée du pays d'Emeraude, malicieusement oublieuses des tentatives d'invasion que leurs ancêtres lui avaient fait subir tout au long de l'Histoire ainsi que de la défaite anglaise à la bataille de Saint-Cast.

Finalement, on croit la conquérir, on est pris à son piège : l'Emeraude à son tour nous enchâsse sur ses rives. Ce vert transparent d'une mer précieuse se mérite comme aussi les gemmes qui complètent sa parure, l'aigue-marine, les saphirs du bleu profond à l'indigo, les topazes, tourmalines et rubis en falaises. Passez au large, monstres des marées noires !

Sa diversité ne laisse de nous étonner. Joyeuse à Dinard, grave en face au cimetière de bateaux de la Passagère, triste hélas ! en la baie pourtant somptueuse de la Fresnaye si l'été la pourrit d'algues vertes. La Rance à elle seule résume la solidarité terre et mer, celle de la nature comme celle des humains mais elle est souffrante de ses envasements et de ses pollutions. Partout où il y a « mise en valeur », il y a le verbe « réparer ». Economie rime trop souvent avec mépris. Mépris de ce qu'on dit et croit aimer. Il y a des crapauds dans l'émeraude. Je n'irai plus, aux grandes marées de Lancieux, saccager les herbus nourriciers avec des milliers d'autres amoureux de la pêche à pied. Je n'achèterai pas de bateau pour ne pas aller gonfler les effectifs de la plaisance qui ne cessent de demander les extensions de ses ports. Mes amis me disent que j'ai de la chance de vivre en ce pays plutôt préservé des outrages du béton. Je le reconnais volontiers tout en sachant que les expressions banalisées comme « pression foncière » et « promotion immobilière » accompagnent le tracé du futur TGV pour Saint-Malo. De sites classés en zones protégées, les risques de la défiguration sont réduits, me dit-on. Je veux le croire. Mais combien de lois, décrets, règlements, bon sens, résistèrent longtemps à de fausses utilités publiques ? Quand je dis que la Côte d'Emeraude est à tout le monde, le disent aussi les marchands de bonheurs entassés.

Bon, à jamais la seule tour qui dominera le cap Fréhel, ce sera son phare. Nous l'avons filmé sous tous les angles, et son jovial gardien et les restes de l'ancienne tour à feu. Nous nous sommes régalés des indicibles couleurs du tapis de landes et de bruyères comme nous l'avions fait sur les hauteurs d'Erquy. Tout ça était « dans la boîte ». A Fort La Latte, j'ai dû tirer de leurs rêveries de Vikings mes camarades de la télé qui savaient bien qu'il n'y en eut de Vikings que pour un film, *le* film, américain. Il fallait rentrer. Ils rangèrent leur matériel, ils plièrent les gaules comme on dit dans le jargon. Je ne suis pas certain que j'aurais eu le même succès avec Patrick Beroul. Celui-là, pour lui faire ranger ses pinceaux, il n'y aurait que la nuit noire et encore ! Sa tendance est plutôt de penser : la caravane passe, l'Emeraude reste…

Roger Gicquel

Mont sacré au gré des flots, le triangle équilatéral et divin de la Merveille.

Le Mont-Saint-Michel.

Une chapelle perdue dans le polder, bien seule dans les éclats des tourmentes.
La chapelle Sainte-Anne. Cherrueix.

Des engins profilés en fusée pour flirter avec les vents.
Chars à voile sur la grève de Cherrueix.

Sur les tables, des poches.
Dans les poches, des huîtres.
Dans les huîtres, une perle de saveur.
Le marché aux huîtres près de la cale. Cancale.

Doris, barges plates,
les parcs à huîtres
ne sont pas très loin.
Le port de la Houle. Cancale.

Des grands yeux noirs pour scruter l'horizon.
Station météo du sémaphore. La pointe du Grouin.

Un promontoire de rocs déchiquetés
qui avance dans la mer pour lui dire adieu.

Des murs tapissés d'ex-voto de marbre blanc, des peintures qui voguent sur des mers déchaînées, des bateaux qui volent dans des alizés aux senteurs de bougie. Simple beauté.

La chapelle du Verger.

Il y a des gardes du corps, des garde-corps, des gardes à vue, des tours prend garde et des corps de garde.

Le corps de garde des Daules avec sa tour-vigie.

A marée basse, une mer végétale et minérale se découvre.
Le « burg » du Guarplic sur son socle de rocs émerge.
Le fort Du Guesclin. Saint-Coulomb.

*Je vais partir pour la mer,
au début de juillet, parce que
je préfère la mer à la montagne.
J'irai dans un petit village de
Bretagne, où la mer est à moi
toute seule.
J'y possède une petite plage
dont je suis la souveraine
incontestée.
Et tour à tour, m'enchantent
les jeux du soleil et de l'ombre
sur le sable lumineux,
et ceux de mon enfant.
Et j'y pourrai pêcher
si j'en ai le désir.*

Colette
Revue "la Bretagne Touristique",
15 juillet 1922.

*Un sentier abrité, bordé de pins centenaires et d'herbes folles,
qui dévale sur la plage et qui regarde droit devant les îles Chausey.*
Anse de la Touesse. Chemin du Blé-en-Herbe. La villa Roz-Ven où Colette habita l'été de 1911 à 1924.

Havre de mer, havre de douceur, havre de bonheur. Un petit paradis en quelque sorte.
Le Havre. Rothéneuf.

Toujours garde-côte,
mais maintenant
sous le regard protecteur
de la Vierge.
Chapelle-oratoire de Notre-Dame-des-Flots. Rothéneuf.

Par une belle journée d'été,
la villa Hurlevent
souffle enfin.

Une croix de bois pour conjurer les tempêtes et le Bénétin, un chapelet de rochers pour prier.
La pointe du Christ. Rothéneuf.

Trois cents sculptures qui racontent une histoire fabuleuse. Une saga de granit imaginée par l'abbé Fouré.
Les Rochers Sculptés. Rothéneuf.

Une toupie verte qui danse une sarabande nautique au gré des courants.

Bouée latérale tribord des Létruns du chenal de la Bigne. Au loin, la tourelle de la Plate, le fort de la Conchée et l'île de Cézembre.

Grosse affluence sur la jetée, un jour d'été.
Fumée odorante, le chef du Repaire des Corsaires prépare son fameux bar au sel.
Ile de Cézembre.

Le feu des Roches aux Anglais.

Le phare fait de l'œil à la nuit bleu-noir.
Le phare du Grand-Jardin en baie de Saint-Malo.

Massif et redoutable
dans sa carapace de granit.
Le Grand Donjon.
Musée d'Histoire et des Traditions maritimes du pays malouin.

Des oiseaux de mer
aux ailes multicolores,
l'école de voile est prête à appareiller.
Les Bés sont aux aguets.
Plage de Bon-Secours. Saint-Malo.

520
HOBIE CAT
643
HOBIE CAT
626
HOBIE CAT

F2
F2

Fréquentation assurée et animations dignes de café-théâtre.
Places Guy-La Chambre et Chateaubriand.

Une flèche décochée en plein ciel.
La cathédrale Saint-Vincent. Saint-Malo.

Double page suivante
"Cutty Sark" en 1999,
"Tall ships race" en 2006,
une escale grandiose et festive
pour les plus grands voiliers
du monde.
Dans le bassin Vauban,
des voiliers manœuvrent pour l'éclusage.

Tours, rempart, courtines, échauguettes, tout l'art de la forteresse est représenté dans la cité corsaire.
Le Petit Donjon et la tour Quic-en-Grogne.

Cocktail de pavois pour une Route de Rhum bien arrosée.
Dans le bassin Duguay-Trouin, les bateaux sont fin prêts.

Dans le bassin Vauban,
le trois-mâts barque « Belem »
appareille.

Le « Belem » est un navire école de croisière.

Tout près des flots, remise en forme garantie, la thalassothérapie est notre amie.
Sur la digue, les Thermes Marins.

Une tour seule, ça s'ennuie. Alors à trois, c'est beaucoup mieux pour discuter. Le soir venu, elles se racontent des histoires de marins, de bateaux à l'horizon, d'aventure, de corsaires magnifiques.

Tour Solidor, Musée international du long-cours cap-hornier. Saint-Servan.

Dans le parc à la française,
deux statues des “Quatre Saisons”
restent de marbre.

Sous la protection d’Eole et de Mercure,
la façade sud-ouest (1717).
Malouinière du Bos. Quelmer.

Des ruettes qui dégringolent vers la Rance, les maisons basses se tiennent les coudes pour lutter contre les vents.

Porche d'entrée de l'église priorale. Saint-Suliac.

Un village trempé à l'âme marine.
Saint-Suliac.

Le donjon élevé par Jean IV.
Château de Dinan, XIVe siècle.

De part et d'autre de la rue,
des maisons typiques et
des échoppes d'artisans.
Ambiance médiévale de rigueur.
Porte et rue du Jerzual. Dinan.

Colombes bien sages
et habillage à la page
du colombage.
La rue de l'Horloge et le Beffroi (XVe).

Quarante mètres de haut pour le viaduc
et une vue « quatre étoiles ».
Le Vieux-Pont, le Petit-Port et la Rance.

Une lente glissade aux reflets cachou.
En remontant la Rance.

Un canot au sec médite sur ses périples passés.
Sur la grève d'un chantier naval. Le Minihic-sur-Rance.

La cabane au carrelet a des échasses pour mieux acclamer deux yoles qui passent sous l'arc de triomphe.
Pages suivantes. La Rance, pont de Lessart.

FIDÉLITÉ

Jardin à la française, parc romantique et rivière argentée.

Façade est.

La cour d'honneur et son bassin où Neptune souffle dans un triton de marbre.

Malouinière de Montmarin. Pleurtuit.

A l'abri du soleil, elles conversent de jeux d'enfants et de bains de mer.
Dinard.

La vedette « La Passagère », trait d'union entre Dinard et Saint-Malo.
Cale du Bec de la Vallée. Dinard.

Sous le chaud et le beau, un gros chat à l'horizon fait le gros dos. Cézembre sommeille.
Sur la digue de la promenade des Alliés. Dinard.

« So british », éventail des palmiers et fleurs exotiques odorantes.
Le « Bric à Brac », la promenade du Clair de Lune. Dinard.

Les tentes ont mis leur T-shirt d'été,
rayé de blanc et de bleu.
Plage de l'Ecluse. Dinard.

A genoux, recueillie au cœur du village, l'église romane semble prier.
A l'intérieur, le sourire des gisants de pierre est figé pour l'éternité.
La Vieille Eglise (XIe siècle). Saint-Lunaire.

Foc et grand-voile hissés.
Départ imminent du catamaran par petit vent.
La Grande Plage, Longchamp, la Fosse-aux-Vaults, la Fourberie,
noms évocateurs pour les quatre plages de sable fin.

La Grande Plage. Saint-Lunaire.

Des bruyants gouffres à sirènes et, à la pointe, un nez cassé en granit.
La pointe du Décollé. Saint-Lunaire.

Les étroites ruelles pavées ont inspiré
de nombreux artistes peintres, Alexandre Nozal,
Pierre-Auguste Renoir, Paul Signac,
Henri Rivière, Emile Bernard...
Vieilles pierres moussues et auges de granit
débordant d'orange géranium,
charme indéniable de
cet ancien village de pêcheurs.
Saint-Briac, rue Emile-Bernard.

Le Frémur frémit à l'embouchure.
Ambiance festive pour le « Pardon de la mer »
avec ses nombreux bateaux pavoisés.
Saint-Briac

Une tour cylindrique avec des grands bras blancs, amoureuse de vent et de farine.
Le moulin de Buglais. Lancieux.

Des espaces « Far West », idéals pour les randonnées équestres.
Plage de Saint-Jacut.

La tour veille toujours aux voiles ennemies.
Ile des Ebihens, face à la pointe du Chevet à Saint-Jacut.

Le mouillage est sûr, la vue est superbe, le ciel est azur.
Les Ebihens.

La longère barbotte les pieds dans l'eau.
Saint-Cast-le-Guildo.

Les vestiges résonnent encore des fêtes de Gilles de Bretagne.
Château du Guildo (XVe siècle). Saint-Cast-le-Guildo.

Derrière les rochers de Bec Rond et de la Feuillade, le port de pêche et de plaisance.

Saint-Cast. Port Jacquet.

Tout le charme d'une élégante station balnéaire.
Les Arcades. Saint-Cast.

Au programme des vacances, sable fin, voile, farniente.
La Grande-Plage, la pointe de la Garde. Saint-Cast.

Sur la pointe de Saint-Cast, le canon ne fait plus peur à personne.
Canon (XVIIe), monument des Evadés bretons, le sémaphore.

A l'assaut du fort, vous remonterez le temps. Vous serez viking, Du Guesclin, Vauban.

Le fort La Latte (XIVe). Plévenon-Fréhel.

L'ancienne tour
servait de phare
au XVIIIe siècle.
La lanterne du phare
actuel, inauguré en 1950,
a une portée de plus
de 100 kilomètres
par temps clair !

Un rempart de 70 mètres
de haut de grès rose
qui plonge dans les flots.
Une vue panoramique
à couper le souffle et
à toucher le fil de l'horizon.

Le cap Fréhel.

Je tiens à remercier l'inventeur de la Côte d'Emeraude, Monsieur Eugène Herpin ;
Madame la Mer, si troublante dans ses robes vertes et bleues ;
Monsieur le Ciel, si changeant dans ses lumières de nouveau monde ;
et tous ces paysages variés et enchanteurs
qui m'ont permis de réaliser cet ouvrage.

Éditeur : Bertrand Hervo
Photogravure : Scann'Ouest, à Rennes (35)

Cet ouvrage a été achevé d'imprimer par l'imprimerie Le Govic, à Saint-Herblain (44)
I.S.B.N. 2.7373.3170.6 - Dépôt légal : Avril 2003
N° d'éditeur : 4518.01.06.04.03

Imprimé en France